AF473427

A LA MÉMOIRE

DE

M. PLATON VALLÉE

DOCTEUR-MÉDECIN

Beatus qui intelligit super egenum et pauperem, in die malâ liberabit eum Dominus.

Heureux celui qui veille sur le pauvre et sur l'indigent, aux mauvais jours Dieu le délivrera. — (*Ps.* 40.)

LE MANS

GALLIENNE, IMPRIMEUR-LIBRAIRE

RUE BOURGEOISE, 17

1856

A LA MÉMOIRE

DE

M. PLATON VALLÉE

DOCTEUR-MÉDECIN

Le monde oublie vite... ses morts surtout. Ce serait donc une triste illusion pour les vivants que de compter sur un long souvenir dans l'esprit et le cœur de ceux qu'ils ont connus. Mais borner là toute son ambition et toutes ses espérances, ce serait un déplorable aveuglement. Notre époque, plus que toute autre, semble se montrer oublieuse des choses et des hommes. Emportée par le tourbillon des événements, elle s'accoutume à voir tomber les plus honorables existences, les plus grandes célébrités, les plus nobles familles, les ins-

1856

titutions les plus respectables par leur antiquité et par les services qu'elles ont rendus, sans s'émouvoir, et presque sans en garder le souvenir. Si, même dans son propre pays, l'on ne se hâte de parler d'une vie qui s'est passée sous les yeux de tous ; si l'on diffère de quelques mois, après qu'elle s'est éteinte, il est déjà tard, et l'on dirait qu'un siècle aurait passé sur cette mémoire que, dans votre naïveté d'affection filiale peut-être, d'amitié sincère, de respectueux attachement et d'estime profonde, vous eussiez cru ne devoir jamais périr. Est-ce la faute des événements, qui, de nos jours, se pressent et se poussent les uns les autres, comme les flots d'une mer agitée? est-ce légèreté? est-ce égoïsme? est-ce habitude de ne penser à rien de sérieux ou de se laisser absorber par les intérêts matériels d'une vie plus agitée que jamais? Hélas! c'est un peu tout cela. Mais cet oubli qui nous envahit si promptement tient aussi, il faut bien le reconnaître, à la caducité native des choses de ce monde, où tout passe, et qui lui-même passera comme une ombre.

Ne serait-il donc point déjà tard de venir aujourd'hui parler à ses concitoyens, à ses malades, à ses pauvres qu'il aima tant, de cet homme, dont la mort a été véritablement un deuil public ; de cet homme de bien que les malades, que les pauvres surtout ont pleuré comme un bienfaiteur et un ami, et que toutes les classes de la société ont constamment environné d'estime, de confiance et de respect pendant sa vie ; de ce médecin éminent qui s'est toujours montré pour ses collègues l'homme de bon conseil, un modèle de bonne confraternité, d'exquise urbanité, de dévouement et de procédés pleins de délicatesse.

Tel fut, en effet, M. Platon Vallée, qu'une mort prématurée vient d'enlever à sa famille et à ses nombreux amis.

Tout le monde sait que les derniers temps de sa vie ont été chrétiens, et que sa mort a été édifiante. Mais ce qu'on ignore généralement et ce qu'on n'apprendra pas sans intérêt, ce sont les *longs combats* qu'a eu à soutenir cette âme d'élite avant de remporter sur elle-même l'*heureuse victoire* que le scepticisme semble avoir voulu lui disputer pied à pied jusqu'à la fin. Mais Celui qui lit au fond des cœurs et qui ne laisse pas sans récompense le verre d'eau froide donné au pauvre, ne pouvait laisser dans les tortures du doute cette âme si droite et si bonne aux malheureux.

Toutefois, pour comprendre ces combats d'une conscience honnête et éclairée, qui de si loin revient à la foi, il faudrait avoir assisté, comme nous, au spectacle de ces pénibles luttes d'une intelligence élevée et d'un cœur délicat contre des souvenirs et des *répugnances que quarante ans de doute avaient profondément enracinées*... Non, jamais nous n'avons mieux compris que, pour arriver à la foi, il fallait autre chose que l'étude et la science, autre chose que des preuves convaincantes; jamais nous n'avions mieux expérimenté la vérité de ces paroles de l'Apôtre, que la foi *est un don de Dieu*, et que Dieu l'accorde bien plus à l'humble prière qui l'implore, qu'au génie et aux efforts de l'intelligence. Voilà pourquoi nous avons toujours conservé la ferme confiance de voir M. Vallée revenir à la foi : nous savions qu'il priait, qu'il priait beaucoup, et que, pour obtenir ce don précieux de la foi vers laquelle il aspirait de toutes les forces de son âme, il avait pris la résolution déjà si chrétienne d'offrir à Dieu ses souffrances, et tous ses actes de bienfaisance.

Or, c'est parce que ces espérances se sont si heureusement réalisées, que nous n'avons pu résister au désir de consigner ici, pour la consolation de tant de personnes qui l'ont aimé, quelques-unes des circonstances qui ont amené ce retour aux principes et à la pratique de la foi chrétienne.

Nous nous serions gardé de livrer ces pages au public, et de trahir ainsi des secrets confiés à l'amitié, tout honorables qu'ils sont pour celui qu'ils concernent, si lui-même ne l'eût permis, en autorisant l'impression d'une lettre, devenue publique en effet, dans la *Voix de la Vérité,* lettre où il rend compte de ses luttes et de ses combats. Le désir seul d'être utile, et de réaliser ainsi l'un des vœux les plus ardents du cœur de M. Vallée, qui aurait voulu faire partager à tous ses amis le bonheur qu'il éprouvait, et aussi un sentiment profond d'estime et d'affection pour lui, nous ont porté à tracer ces quelques lignes. Puissent-elles consoler sa respectable et nombreuse famille ! Puissent-elles contribuer à éclairer, à toucher, à fortifier quelques âmes dont le sacrifice peut-être n'est pas fait encore, et qui, elles aussi, ont besoin, pour le faire, de cette lumière, de cette force, que demanda si longtemps notre respectable ami.

Ce petit écrit, que nous déposons entre les mains de ses enfants, renferme tout simplement : le récit de ses funérailles, avec les deux discours prononcés sur sa tombe, l'un nous faisant connaître la carrière parcourue par le docteur Vallée, l'autre nous initiant davantage à ses derniers sentiments ; ensuite l'exposé des combats dont nous avons parlé, et qu'il nous racontera lui-même dans cette lettre adressée, le 3 mai dernier, à l'auteur de l'ouvrage qui avait produit sur lui une si heureuse impression; et enfin, quelques écrits, qui, mieux que tout ce qui précède, mettront à découvert son exquise sensibilité, si bien connue de ses malades et de ses pauvres, en même temps que les aspirations ardentes de son cœur vers la foi; ce sont d'abord quelques lettres qui lui furent écrites par des hommes distingués à qui il s'adressait pour résoudre ses doutes; c'est ensuite un recueil de prières composées par lui-même pour son usage particulier ; et quelques autres pièces qu'on a bien voulu nous communiquer.

« Hier, écrivait le *Journal l'Union* le lendemain des funérailles, hier, c'était jour de deuil dans la cité : notre ville entière pleurait un de ses meilleurs, un de ses plus dignes enfants. C'est que M. Platon Vallée n'était pas seulement un homme éminent par sa science ; il avait toutes les qualités d'un grand citoyen, toutes les vertus qui caractérisent le vrai sage, le philosophe chrétien. A une rare élévation d'esprit, à une droiture peu commune qui fut le guide de toute sa vie, il joignait la sensibilité la plus exquise. Ceux qui ont eu le bonheur de l'approcher, et le nombre en est grand, savent combien son commerce était agréable ; il écoutait tout le monde avec cette indulgence que donnent l'expérience et la longue pratique des hommes ; et, en toutes choses, il apportait une telle douceur de caractère, une si grande bienveillance de formes, que, même dans ses desseins les plus résolus, ce qui était fermeté chez lui avait comme une apparence de faiblesse.

Recherché, aimé et estimé de tous, dans l'exercice de l'honorable profession à laquelle il s'était voué et dont il fut une des gloires, il avait cependant des préférences : son âme compatissante le portait par une sorte de prédilection vers les malheureux, et depuis longtemps la reconnaissance publique l'avait décoré du beau nom de *médecin des pauvres*, sous lequel il était vulgairement désigné.

Le recueillement et la tristesse de cette foule immense qui l'a conduit à sa dernière demeure, et dans laquelle étaient confondus toutes les classes, tous les rangs, toutes les opinions disent assez quelle perte la ville du Mans a faite en perdant M. Platon Vallée. Puisse ce dernier hommage rendu à la mémoire du meilleur des hommes adoucir la douleur d'une famille si généralement estimée, à laquelle était réservée cette suprême épreuve de voir, après tant de coups si cruels, la mort frapper encore dans ses rangs un de ses membres qu'elle chérissait le plus tendrement.

M. Platon Vallée est décédé dans sa soixante-troisième année ; il n'a eu toute sa vie d'autre ambition que d'être utile à ses semblables, et, en voyant le convoi de ce mort si regretté, accompagné par toute une population, on pouvait s'étonner sans doute que le signe de l'honneur ne brillât pas sur le cercueil de celui qui, de son vivant, en avait été le plus parfait modèle.

Au cimetière, où s'étaient rendues presque toutes les personnes qui avaient assisté au service, et où l'on remarquait toutes les notabilités de la ville, des pauvres, les membres de tous les corps et sociétés dont M. Platon Vallée avait fait partie, tout le corps médical, la société de pharmacie du Mans, à laquelle étaient venus se joindre plusieurs pharmaciens du département, etc.., deux discours ont été prononcés, l'un par M. le docteur Lecouteux, l'autre par M. Edom, ancien recteur de l'Académie de la Sarthe.

M. le docteur Lecouteux, dans un discours qui a été souvent interrompu par son émotion et les sanglots des assistants, a retracé en ces termes la vie du défunt :

« Messieurs,

« Au moment d'élever la voix dans cette lugubre cérémonie, j'éprouve une émotion profonde. Ma voix mal assurée, je le sens, sera impuissante pour vous exprimer les sentiments dont mon cœur est trop plein. En présence de ce deuil général, sur cette tombe encore ouverte, je me sens accablé et cherche en vain une phrase assez digne pour vous parler de l'ami, de l'homme éminent, du médecin à jamais regrettable qui vient de nous être ravi, et dont la perte nous rassemble tous ici, dans un commun sentiment de douleur.

« Je n'entreprendrai donc pas de vous retracer tous les détails d'une vie si bien et si honorablement remplie, cela dépasserait les bornes de ces quelques lignes jetées presque en courant. Et cependant quel sujet plus digne et plus fécond pour une plume amie et désireuse de mettre en relief tant de belles qualités, tant et de si nobles faits, rehaussés encore par une modestie et une discrétion que rien ne pouvait vaincre ? Mais jetez vos regards autour de vous, voyez cette foule compacte, silencieuse, recueillie, cette foule où se confondent tous les rangs, animée, poussée par un seul sentiment... : la reconnaissance, le souvenir des bienfaits... Quel plus beau panégyrique? Ai-je besoin d'y rien ajouter ? C'est que P. Vallée était le *vir probus*, l'homme de bien par excellence ; sa vie tout entière en a été la preuve.

« P. Vallée naquit le 27 mai 1794, époque de tourmente politique et guerrière, peu favorable à la culture et aux travaux de l'esprit. Cependant, de bonne heure se manifesta chez lui ce goût des études littéraires qui ne l'abandonna jamais, même au milieu des exigences d'une clientèle trop nombreuse. Elève distingué du fameux collége de Vendôme, dont la réputation universelle attirait alors dans son sein des enfants des pays les plus lointains, il quitta ce théâtre de ses premiers succès pour entrer à l'école normale. Le goût des études médicales commençait à se faire jour en lui ; mais il devait, pour quelque temps encore, résister à cette impulsion intime. De sérieux obstacles s'y opposaient alors.

« C'était l'époque des guerres du premier empire. Nos armées victorieuses couvraient tous les champs de bataille de l'Europe... ; il fallait être soldat ou contracter un engagement dans l'instruction publique. Vallée ne balança pas. Il entra à l'école normale en 1811, la seconde année de la fondation de cette école justement célèbre, si féconde en hommes dont notre France s'honorera toujours. De l'école normale, nous le voyons passer à Lorgues, petite ville du département du Var, en qualité de professeur pour les sciences. En 1814, libre des entraves qui l'avaient jusqu'alors détourné de sa route et comprimaient sa vocation, il abandonne le professorat, se rend à Paris et commence d'une manière sérieuse l'étude de la médecine. Le 30 septembre 1820, il obtenait avec honneur le diplôme de docteur en médecine, et l'année suivante il revenait s'asseoir au foyer de la famille, apportant à ses concitoyens la science et l'expérience acquises par de longues et fortes études. Toute sa vie maintenant nous appartient; elle s'est passée au grand jour, sous nos yeux, et chacun de nous sait combien elle a été méritante.

« Dès ses premiers pas dans la pratique médicale, P. Vallée fut accueilli par une grande sympathie, et ne tarda pas à y conquérir le rang élevé que lui assuraient, du reste, la variété et la solidité de ses connaissances. Bientôt il se trouva chargé d'une clientèle considérable, attirée d'abord par la renommée qui déjà retentissait autour du jeune praticien, puis fixée par la bienveillance et l'amabilité de ses manières, par l'atticisme si pur, si fin, si distingué, si attrayant de son esprit.

« Comme médecin, P. Vallée mérita au plus haut titre toute la faveur, toute la confiance dont il a été entouré par ses concitoyens. Comme homme, quelque grande que soit sa réputation, quelque appréciées que soient ses heureuses qualités et ses hautes vertus, l'estimation est toujours restée au-dessous de la réalité. Il n'a été donné qu'à un petit nombre de personnes, et d'amis surtout, de pouvoir sonder les trésors de son cœur. Ses amis, ses confrères, ses malades pouvaient y puiser largement sans crainte d'en tarir la source. Toujours plein de dévouement, ses confrères, jeunes ou vieux, ne lui ont jamais adressé d'appel inécouté. Ses malades, pauvres ou riches, ont toujours pu compter sur ses ressources ou sur ses consolations. Pressé par ses amis de prendre un peu de repos et de se démettre de ses fonctions de médecin des pauvres : *Les pauvres,* dit-il, *seront mes derniers malades.* Que de charité, que d'abnégation, que de vertus dans sa longue pratique médicale ! Philosophe et résigné par nature, on n'entendit jamais de lui ni plaintes ni récriminations contre les monstrueuses ingratitudes qui viennent si souvent détruire les illusions affectueuses du médecin.

« Les témoignages de confiance, de sympathie, de haute estime que le corps médical de la Sarthe s'est plu à lui décerner en toute occasion, prouvent assez que le jugement du monde était amplement ratifié par ses confrères. Délégué, par ceux-ci, au congrès médical de Paris, président presque constant de la société de médecine de la Sarthe, de l'association médicale de la Sarthe et de toutes les réunions médicales dont il faisait partie, il s'est toujours fait remarquer par la lucidité de son esprit, la rectitude de son jugement et la sagesse de sa parole. Esprit doux et conciliant, il est toujours heureusement intervenu dans ces petites querelles d'amour-propre, ces petites rivalités qui, mal prises, peuvent quelquefois diviser sérieusement deux confrères également honorables. Il était l'arbitre par excellence..... Sa place restera longtemps vide au milieu de nous.

« P. Vallée, par la facilité de son esprit, par la variété de ses connaissances, était apte à remplir un grand nombre de fonctions diverses : nous le voyons pendant vingt ans au conseil municipal de la ville, au conseil d'arrondissement, où l'appellent les suffrages de ses concitoyens librement exprimés.

« Nommé à l'administration de l'asile de la Sarthe, au début de cette pieuse fondation, il contribue à la diriger dans la voie prospère où nous la retrouvons aujourd'hui.

« Médecin du bureau de bienfaisance, membre et l'un des fondateurs de la société philharmonique qu'il devait présider plus tard, membre du conseil de salubrité et d'hygiène, l'un des quatre médecins de l'Hôtel-Dieu du Mans, l'un des fondateurs de la société de médecine et de l'association médicale : dans toutes ces positions si diverses, Vallée a laissé d'impérissables souvenirs.

« D'une constitution nerveuse, très-impressionnable, sa santé eut souvent à souffrir des fatigues inséparables d'une nombreuse clientèle. Ce dernier hiver, nous l'avons vu subir avec calme les longues et douloureuses atteintes d'un rhumatisme articulaire général, qui plusieurs fois a mis sa vie en danger. Il était sorti victorieux de cette longue et douloureuse lutte. Sa santé raffermie marchait régulièrement vers un complet rétablissement. Tout était prêt pour un voyage qu'il se proposait de faire aux eaux d'Aix, l'heure du départ allait sonner..... O fragilité de l'homme! tout à coup reparaît une atroce douleur de poitrine, dont il avait déjà cet hiver ressenti l'étreinte. La médecine triomphe encore une fois, la douleur est vaincue et disparaît..... Calme trompeur ! déception cruelle!... quelques jours s'écoulent à peine..., la poitrine et le cœur sont frappés à la fois; et deux jours après, le 14 juillet, à deux heures du soir, s'éteignait cette vie précieuse.

« Au nom de cette société de médecine dont tu fus l'un des fondateurs, adieu, noble et trop regrettable ami! ou plutôt au revoir! oui, au revoir!... La mort n'est pas le dernier mot de la vie, tout n'est pas fini. Que ton esprit nous reste, qu'il nous inspire, qu'il nous guide!... Que ta mémoire vive au fond de nos cœurs! Que ta vie si pure, si pleine d'affections, si honorable, si vertueuse, si glorieusement remplie, soit pour nous un grand exemple que nous nous efforcions d'imiter !... Au revoir, Platon, au revoir ! »

Après M. Lecouteux, M. Edom a prononcé les paroles suivantes :

« Dans cet asile de la mort, après ces prières de l'Église, en présence de cette tombe qui nous dérobe un ami si cher, qu'il nous soit permis de voir en lui ce qui console, le chrétien qu'attend une immortalité glorieuse; c'est entrer dans ses derniers sentiments.

« Nous connaissons ses longs combats et son heureuse victoire. Dans sa reconnaissance, il vint la célébrer sans éclat, mais sans faiblesse, au pied des autels. Il voulut offrir un entier et public hommage à ce Dieu qu'il était si bien fait pour connaître et pour aimer. Quelles délices inondèrent alors son âme si tendre ! nous en pûmes juger, nous qui vîmes couler ses larmes. Il bénissait les douleurs de la maladie et les étreintes de la souffrance, qui lui avaient apporté, disait-il, tant de lumières et de consolations. Que de fermeté, que de force expansive dans sa foi ! Que de calme et de sérénité dans son espérance ! La charité, ce premier besoin de son cœur, fut pendant quarante ans sa compagne assidue, dans l'exercice de cette noble profession qu'il a honorée par tant de délicatesse et de dévouement. C'est à cette vertu céleste qu'il a dû, nous n'en pouvons douter, son retour aux saintes croyances de sa jeunesse. Son plus bel éloge est dans les larmes des pauvres, qui le pleurent à l'égal de sa propre famille. Pour lui, il est allé recevoir au ciel sa récompense. Bienheureux ceux qui meurent ainsi, aimés de Dieu et des hommes ! »

Depuis plus de douze ans, un rayon de lumière avait commencé à luire pour M. Vallée. Esprit habituellement nourri de pensées graves, il se trouva pris soudainement d'un goût sérieux pour les études religieuses, et se posa franchement à lui-même la grande question de sa destinée future, question bien digne de préoccuper en effet l'homme qui pense. Mais se poser la question et la résoudre, ce ne fut pas pour lui l'affaire d'un instant, et il est vraiment rare de voir un triomphe plus longtemps disputé. Du scepticisme, qui fut le point de départ de son esprit, jusqu'à la ferveur du catholique le plus pieux, qui en fut l'heureux terme, il lui fallut passer par tous les degrés intermédiaires qui séparent ces deux extrémités l'une de l'autre.

C'est donc avec bien de la vérité que M. Edom a pu dire sur la tombe encore ouverte de son ami : « Nous connaissons ses longs combats et son heureuse victoire » ; car, lui aussi, il avait reçu plus d'une fois les confidences de cette âme tourmentée du besoin de croire et de se fixer dans la vérité. Laissons le docteur Vallée raconter lui-même ses luttes, dans cette lettre dont nous avons parlé, et qui honore tout à la fois et celui qui l'a écrite, et l'auteur auquel elle s'adresse. Elle porte la date toute récente du 3 mai 1856, à peine six semaines avant le coup qui l'a frappé.

A Monsieur BARTHE, *Chanoine honoraire de Rhodez.*

« MONSIEUR,

« Ce doit être pour vous une douce récompense de vos travaux que de connaître les fruits qu'ils ont produits. En attendant le prix que Dieu vous réserve dans le ciel, goûtez la joie d'en avoir frayé la route à une pauvre âme qui, sans vous, se laissait aller au découragement et aux tourments d'un scepticisme invétéré. Tout inconnu que je vous suis, Monsieur, permettez-moi de soulager mon cœur, en vous adressant l'hommage d'une reconnaissance qu'il sera heureux de vous conserver à jamais.

« Pour vous rendre intelligible l'énigme que je viens de vous poser, je vous dois le récit abrégé d'une vie dont vous avez sauvé les derniers jours. Voici donc mon histoire :

Élevé chrétiennement, et pratiquant avec ferveur jusqu'à l'âge de vingt ans, je subis à cette époque la double influence des passions et de l'étude de la médecine. Devenu matérialiste, tout en restant déiste, je vécus d'une vie sensuelle et indifférente à toute idée religieuse jusqu'à l'âge de cinquante et quelques années, quoique respectant le culte et vivant en bonnes relations avec le clergé, dans lequel je comptais de bons amis. La croyance à notre double nature me revint après quelques années, et Jean-Jacques fut alors mon maître.

« Il y a dix ans, à la suite d'un chagrin profond, la lecture d'une belle conférence de Jouffroy sur *la destinée humaine*, me remit en goût d'études religieuses, vers lesquelles me poussa plus ardemment ma liaison avec le sympathique Père Lavigne, à qui je donnais des soins. Mais mes lectures, mes méditations, mes entretiens avec des amis pieux, mes prières, l'épreuve du malheur que m'infligea la Providence en me retirant une femme incomparable : tout échoua contre ma résistance à la révélation et aux dogmes du christianisme.

« J'en étais là quand M. l'abbé *** me prêta votre beau livre de l'*Appel à la raison sur la vérité religieuse*. Je ne pus lire le chapitre *de la Certitude des faits évangéliques* sans être terrassé par votre admirable argumentation. J'avouai que je n'avais rien à répliquer ; mais je n'étais pas *persuadé :* sous l'influence de mes répugnances insurmontables, je répétais : *c'est impossible.*

« Deux ans s'étaient passés dans cet étrange état de contradiction déraisonnable, quand je fus pris, à la fin de février dernier, d'un rhumatisme général qui m'a mis deux ou trois fois en face de la mort. Je consentis alors à voir un prêtre, par déférence pour mes amis ; mais je n'en restai pas moins avec mon incrédulité associée à un ardent désir de croire, en présence d'une situation périlleuse, qui devait me presser d'en finir avec mon scepticisme. C'était par la douleur et non par la crainte que Dieu voulait me gagner à lui. Pendant mes nuits d'insomnie et de torture, je ne trouvais de soulagement qu'à lui offrir mes souffrances comme expiation de mes fautes, à lui demander la résignation et la lumière, qui me fuyait malgré la sincérité de mes efforts. J'y goûtais une consolation indicible, et mon cœur se dilatait d'amour à défaut de foi. La nuit du jeudi au vendredi saint, dans un effroyable redoublement de souffrances, le cœur ému par la lecture que, sur ma demande, mes pieux enfants m'avaient faite des scènes du Jardin des Oliviers et du Calvaire, touché d'un commencement de sympathie pour le Christ, je suppliai Dieu de me permettre d'associer mes douleurs à celles de cette douce victime, que je suivais ainsi dans toutes les péripéties de sa Passion. Dans cette sorte d'extase fébrile, mes douleurs s'endormirent et moi aussi. Je me réveillai inondé de larmes de reconnaissance pour le Dieu de bonté qui m'avait pris en pitié; et il me sembla que je me sentais moins d'éloignement pour la divinité de Jésus-Christ, qui, la veille encore, était une impossibilité pour ma raison. Les jours suivants, sous l'influence des anniversaires de ce saint temps, je me familiarisai davantage avec ce point de vue si consolant et si désiré, non sans retomber de temps en temps dans ces répugnances que quarante ans de doute avaient enracinées dans mon esprit. Mais l'amour, la gratitude pour ce Dieu qui mettait une trève à mes souffrances faisaient son œuvre et allaient toujours croissant.

« Dans cette disposition d'esprit et de cœur, ma convalescence me permettant quelque lecture, j'eus l'idée de relire votre vigoureux plaidoyer, que je n'avais pas ouvert depuis deux ans. Ce fut un trait de lumière : sous l'impression de mes saintes émotions, votre argumentation irrésistible m'illumina d'une clarté soudaine. Je ne sus qu'adhérer à chaque argument, qu'applaudir, que m'humilier dans une soumission profonde, et saisi d'une inspiration subite, je fermai le livre en m'écriant avec saint Thomas : *Mon Seigneur et mon Dieu !* — Et tout fut consommé. J'étais chrétien comme Leibnitz, comme Abbadie. Les jours suivants, les conséquences logiques de mon adhésion se firent jour dans mon esprit : la mission des Apôtres, la descente du Saint-Esprit, l'institution et l'Autorité infaillible de l'Eglise, les Sacrements : tout m'apparut comme une déduction forcée de l'authenticité du Nouveau-Testament : j'étais catholique.

« Que vous dirai-je de plus, Monsieur, pour m'acquitter envers vous? Est-il une plus pure jouissance, une gloire plus légitimement acquise, que la certitude d'une âme arrachée à l'erreur, à la réprobation éternelle ? sans compter celles que mon exemple pourra décider ! — J'ai pourtant de quoi ajouter à votre joie de chrétien et de prêtre. Le jour de l'Ascension, un vieux médecin, connu par son incrédulité, se présentait au pied des autels, entre ses deux chers enfants, répétant avec une humilité profonde les belles paroles du Centurion. Ai-je besoin de vous le nommer, Monsieur? Ce jour-là je suis entré dans une ère de paix, de bonheur, dont je rapporte le bienfait à Dieu, mais dont j'ai voué une reconnaissance éternelle à celui qui a été l'instrument des vues providentielles sur moi : reconnaissance que j'espère vous exprimer dans une autre vie, à laquelle vous m'avez appris si heureusement à prétendre. Que les bénédictions divines vous en récompensent en ce monde et dans l'autre !

« Votre respectueusement dévoué,

« P. Vallée,
« *Président de l'Association Médicale*
« *du département de la Sarthe.*

« Le Mans, 3 mai 1856. »

En même temps, M. Vallée faisait une communication pareille à ses amis ; et c'était avec le même sentiment de reconnaissance qu'il racontait, à ceux qui pouvaient le visiter, la mystérieuse transformation que la grâce venait d'opérer en lui.

Dès le 9 mai, M. l'abbé Barthe lui répondait :

Saint-Affrique, 9 mai 1856.

« Monsieur le Docteur,

« Oh ! le doux moment de sainte joie que m'a donné votre précieuse lettre ; et quelle vive reconnaissance je vous dois moi-même pour la consolante communication que vous avez bien voulu me faire ! Si j'ai été pour vous, sans le savoir, un instrument des desseins miséricordieux du Seigneur sur votre âme, vous aussi, Monsieur, vous m'avez fait du bien, beaucoup de bien ; et à la lecture de vos pages si touchantes, je suis tombé aux pieds de mon Dieu, les yeux baignés des plus douces larmes, et je l'ai béni mille fois d'avoir daigné faire servir mon petit livre à sa gloire, pour laquelle seule je dois vivre et mourir.

« Mais aussitôt m'est venue la pensée de vous adresser une humble prière, en vous déclarant que je la retire d'avance, si elle doit faire à la délicatesse de votre noble cœur la violence la plus légère. J'ai reçu de plusieurs Cardinaux, Archevêques, Évêques, les lettres les plus flatteuses, au sujet de mon *Appel à la raison*, et j'ai publié notamment celles de leurs Eminences Messeigneurs de Bordeaux et de Lyon. La vôtre, Monsieur, j'en ai la conviction, ferait beaucoup plus de bien que celles de ces augustes Prélats. Répugneriez-vous à me donner l'autorisation de la publier ? »

Une des craintes de M. Vallée, c'était que l'on pût penser que son retour aux pratiques de la religion ne parût chez lui moins l'effet d'une conviction ferme et réfléchie que le résultat soit de l'affaiblissement d'un esprit abattu par la maladie, soit d'une concession faite à ses enfants et à ses nombreux amis. Voilà pourquoi, indépendamment du besoin de s'épancher qu'éprouve toute âme fortement ébranlée, il parlait à presque toutes les personnes qui le visitaient de ses efforts persévérants pour revenir à la vérité. Il voulait que sa conversion aidât à réparer le mal qu'il avait pu faire, et il nous a souvent prié de n'en point cacher les détails, s'il avait le bonheur d'atteindre ce but si désiré. Maintenant donc que M. Platon Vallée, non-seulement est revenu à ses premières croyances, mais qu'il est mort en chrétien et en catholique fervent; maintenant qu'il est en face de cette éternelle Vérité qu'il a cherchée si ardemment, c'est un devoir pour nous de faire connaître ici quelques détails, qui ne peuvent qu'honorer sa mémoire, en nous montrant avec quelle sincérité, avec quelle franchise il cherchait à surmonter les difficultés qu'il rencontrait dans son retour à la foi.

Le P. Lavigne, dont le Mans eut le bonheur d'entendre l'éloquente et sympathique parole, en 1847, fut le premier avec lequel M. P. Vallée entra en matière sur les questions qui le tourmentaient déjà depuis quelque temps. Le Père était malade et recevait les soins du docteur encore incroyant ; tandis que l'un consultait pour la santé du corps, l'autre consultait pour la santé de l'âme; et, entre ces deux cœurs si bien faits pour s'apprécier, il se fit bientôt un échange mystérieux, qui produisit sur l'esprit de M. Vallée les plus heureuses impressions. Mais tout ne fut pas alors consommé. Le Prédicateur partit, emportant de

M. Platon Vallée une estime et une affection vive et profonde qui le suivit partout. Une correspondance s'établit entre eux, et plusieurs lettres furent échangées. C'est dans cette correspondance surtout que l'on suit pas à pas le progrès que fait la lumière dans l'esprit du docteur. Nous nous bornons aux deux lettres suivantes, pour lesquelles il nous serait difficile de fixer un ordre de dates bien précis.

Rome, 4 décembre 1852.

« Voyez où votre lettre est venue me chercher, mon excellent ami ; comme elle m'a touché profondément ! si j'étais en France, je volerais immédiatement vers vous. Je crois que le moment de la grande victoire est arrivé, puisque c'est le moment de la grande lutte. Non, vous ne resterez pas toujours dans la nuit, mon cher ami, c'est impossible, votre esprit si noble et si droit est fait pour la lumière si douce et si pure de la vérité ; à votre cœur il faut absolument le bien solide et durable. Et le Vrai comme le Bien, c'est celui que vous n'admettez pas encore, c'est N. S. Jésus-Christ. Oui, c'est lui qui est la lumière et la vie (*erat Lux vera, in ipso vita*), qui bientôt vont vous environner et vous remplir tout entier. Priez toujours de plus en plus, je prie avec vous sans cesse, je vous applique tous les vœux et tous les soupirs des Patriarches et des Prophètes, dans ce saint temps de l'Avent.

Rorate, cœli, desuper; et nubes pluant justum, Aperiatur terra (cette terre de votre cœur) *et germinet Salvatorem.*

Emitte Agnum, Domine, Dominatorem terræ, *de petra deserti ad montem filiæ Sion...*

O Clavis David et Sceptrum domus Israel : Qui aperis et nemo claudit ; claudis et nemo aperit : Veni et educ vinctum *de domo carceris sedentem in tenebris et umbra mortis.*

« Ecrivez-moi par le retour du courrier : j'ai vraiment faim de vos nouvelles.

« Tout à vous plus que jamais en N. S.,

« A. Lavigne. »

Peu de temps après, très-probablement, M. Vallée écrivait au P. Lavigne :

« Que vous êtes bon pour moi, mon excellent ami, et que je voudrais en être digne ! Car je n'ai droit qu'à votre pitié, et je refuserais votre dévouement en ce moment, si vous étiez à même de le réaliser. Hélas! que je suis loin de ce dénouement qui vous fait pressentir l'heure arrivée des grandes luttes. Elle est bien longue cette heure ; car voilà plus d'un an qu'elle a commencé, avec les angoisses qui précédèrent mon malheur. Près de quatorze mois s'étaient écoulés depuis le commencement de la dernière et effroyable maladie qui m'enleva ma compagne bien-aimée, après neuf semaines d'une lutte désespérée..... C'est alors que j'élevai mes mains vers le Ciel pour lui demander, non pas une vie que je savais condamnée, mais la force, la consolation, la lumière, que je cherchais déjà assidûment dans les livres, les méditations, depuis cinq ans passés. J'ai prié avec une ferveur que je ne connaissais pas..... Dieu m'est témoin qu'il s'est écoulé peu d'heures depuis sans que mes prières se soient élevées au pied de son redoutable tribunal. ... Eh bien! mon cher Père, vous serez effrayé en lisant, après cela, mon manifeste de scepticisme, de voir où j'en suis encore. Cramponné à mon déisme à peine providentiel... je sens mon élan vers mon Créateur se ralentir et se glacer en face des Mystères..... Est-ce que vous n'avez pas rencontré de ces cœurs rebelles à la foi?..... votre expérience doit vous avoir appris à triompher de tant d'opiniâtreté... Ne me rebutez pas, mon bon ami, ne vous indignez pas trop..... mais considérez que le mal est profond, immense, le danger imminent..... *car la vie est courte.* »

A partir de cette époque (1850-53), M. P. Vallée ne cessa de rechercher avec ardeur tout ce qui pouvait l'aider à en finir avec ses répugnances. Nous trouvons dans sa correspondance — beaucoup de notes dans lesquelles il trace par écrit, comme pour mieux s'en rendre compte, l'exposé des difficultés qui l'arrêtaient encore; — un grand nombre de réponses aux consultations qu'il adressait aux personnes qui pouvaient, à son avis, l'éclairer plus sûrement de leurs lumières. Car il frappait à toutes les portes. — Nous ne faisons qu'indiquer une réponse pleine de cœur et de sagesse que fit à l'une de ses lettres Monseigneur de Ségur, longtemps attaché au tribunal de la Rote à Rome, comme auditeur pour la France; c'est l'auteur très-connu des *Réponses*, petit ouvrage arrivé à sa 31e édition. — De plus, quand il ne craignait pas d'importuner ses amis, surtout ceux qu'il avait su s'attacher dans le clergé, il avait avec eux, dans le même but, des correspondances, de longs et fréquents entretiens. Mais tous ces efforts n'aboutissant point, il y eut pour lui comme un moment de découragement, facile à comprendre, et il craignit même un instant de lasser ses amis. Nous retrouvons l'expression de ce sentiment dans quelques paroles écrites de sa main, que nous n'avons pu lire sans en être profondément touché :

« Hélas! mon âme lutte encore péniblement contre un scepticisme invétéré, sans parvenir à s'épanouir à ces clartés salutaires, où elle cherche la consolation et la *réconciliation*. Car telle est la misérable condition du déiste, qu'il ne retrouve pas la paix dans l'accomplissement du devoir et dans le retour à la vertu. Il sent que la vie, même la plus irréprochable, n'est pas l'*expiation*, et que la paix de la conscience, le pardon, ne sont réellement le partage que du chrétien. Eh bien! voilà ce qu'il ne peut conquérir qu'en passant par les dogmes que sa raison s'obstine à repousser. Voilà ce que je demande à Dieu dans mes prières, ce que je sollicite avec des larmes d'amour et de regret.

«Admirez, ou plutôt déplorez les contradictions de cet esprit rebelle. Il vénère la religion, il en reconnaît la nécessité et les bienfaits, il en aime la sublime morale, il en suit avec admiration l'organisation, l'enchaînement ; il applaudit à l'unité des institutions chrétiennes, il aspire à la foi qui lui en ouvrirait l'accès....., et il recule devant les mystérieuses bases sur lesquelles est assis ce magnifique édifice !..... Et ne croyez pas qu'il y ait ici parti pris d'ergoterie, habitude de chicane, de dérision Voltairienne : non, il y a répulsion, révolte instinctive d'un esprit accoutumé au raisonnement, aux démonstrations scientifiques, en lutte avec un cœur désolé, inquiet de sa destinée future, avide de paix, de consolation et d'espérance !

« Que faire dans cette situation décourageante, qui lasse mes amis et fait le tourment de ma vie ? Prier, prier sans me rebuter, méditer, lire les écrits composés pour des âmes en peine comme la mienne, m'exercer aux bonnes œuvres, combattre les mauvais penchants, pleurer mes fautes et me tenir incessamment en présence de Dieu et sous le regard chéri de l'incomparable amie qui prie pour moi. Voilà ce que je tâche de faire, ce que je veux faire jusqu'à mon dernier soupir, que la lumière me vienne ou non, confiant dans la miséricorde de Dieu qui me tiendra compte de mes efforts et de la sincérité de mon inintelligence... »

Cependant la lumière de la foi prenait peu à peu possession de son esprit;... les répugnances s'évanouissaient, et un travail intérieur se faisait évidemment, et presque à son insu, dans cette âme déjà beaucoup plus catholique qu'elle ne le pensait. — L'humble prière qui s'adresse instamment à Dieu pour demander la foi : *Domine, ut videam*, est bien la prière catholique, et telle était la prière continuelle de M. Vallée. La preuve de ce progrès, nous la trouvons dans cet autre écrit, tout entier de sa main.

« O mon Dieu ! j'espère qu'en usant bien de vos grâces dans cette vie, je vous posséderai éternellement dans l'autre : — éternellement, ô mon Dieu ! absorbé dans votre amour sans bornes et sans nuage, dans la contemplation de votre sagesse infinie, de votre œuvre admirable, participant un jour à vos perfections ;..... — éternellement, ô mon Dieu ! réuni aux bienheureux, réuni à ma bien-aimée, à notre petit ange chéri, à nos chers enfants, à mon bon père, à ma bonne mère, à notre chère famille, à tout ce qui nous a été cher au monde !.....

« Faites, ô mon Dieu ! que l'espoir de cette ineffable et éternelle félicité me donne la force d'imposer silence à mes mauvais penchants, d'étouffer la révolte de ma raison, d'accepter la loi du devoir, et les douleurs, les afflictions de cette vie, pour mériter cette récompense que vous promettez aux justes, aux justes dont je suis si loin, aux justes que je veux m'efforcer d'imiter, en me répétant sans cesse : *Rien pour le temps, tout pour l'éternité ;* dans mes pensées, dans mes sentiments, dans mes actions, dans ma vie tout entière : *Tout pour l'éternité !*

« Et daignez, ô mon Dieu ! accepter comme allégement à mon expiation dans l'autre vie les misères auxquelles je me suis soumis dans celle-ci. »

Cette même prière, nous la retrouvons transcrite de nouveau de sa main, peu de temps avant sa mort, car cette nouvelle copie est d'une écriture tremblante et encore toute fraîche. Il l'avait accolée aux feuillets du livre qui avait convaincu son esprit si longtemps rebelle. Touchant témoignage de gratitude !... — ou besoin profondément senti de protester de nouveau de son désir d'arriver à la foi complète du catholique, — ou mieux encore à la possession claire de la *Vérité* dans un autre monde !....

Mais si l'on veut voir se refléter l'âme de M. Vallée tout entière, c'est dans cette prière du matin et du soir, qu'il avait composée pour son usage, et qu'il récitait régulièrement tous les jours. Cette prière a, pour ainsi dire, plusieurs éditions, qui, sans différer beaucoup les unes des autres, se ressentent cependant du progrès qu'il fait vers le catholicisme, la dernière devenant toujours plus explicite que la première. On ne peut que gagner à la connaître.

LE MATIN.

1. « Mon Dieu ! je vous rends grâces de cette nuit de repos que vous m'avez accordée pour réparer mes forces. Faites que j'y puise une nouvelle ardeur pour ma régénération, pour mon perfectionnement moral et pour la glorification de votre nom adoré. »

2. « O mon Dieu ! ayez pitié de votre pauvre créature, faible, coupable, mais repentante... Accordez-moi le pardon, la lumière, la force nécessaires pour ma régénération, et pour mériter le bonheur d'être réuni à tout ce que j'ai eu de cher au monde dans le séjour de la béatitude. »

3. « *Adoramus te, Christe, et benedicimus tibi, quia per sanctam crucem tuam redemisti mundum.* » (Cette prière latine lui avait été conseillée par le P. Lavigne, afin de lui faire obtenir la grâce de croire dans l'Incarnation et la Rédemption du Fils de Dieu. Il y fut fidèle jusqu'à la fin).

4. « O Dieu ! qui, par le sacrifice de la Croix, avez lavé notre tache originelle, et rouvert pour nous la porte du salut, la route de la béatitude éternelle, je vous rends grâce d'avoir régénéré le monde, en renversant le culte des idoles et du sensualisme pour relever les autels du vrai Dieu, et pour proclamer la loi d'amour, de charité, de vertu, de devoir, d'espérance et d'immortalité. »

5. « O mon Dieu ! bénissez votre pauvre serviteur ; faites que je me conduise aujourd'hui, et toujours, de la manière la plus conforme à ma destination d'homme créé pour vous connaître, pour vous aimer par-dessus tout, et pour mériter la vie éternelle, en vous servant par la pratique de toutes les vertus, et par l'accomplissement de tous mes devoirs ;

— Par la pratique de toutes les vertus :

LA CHARITÉ, LA CHASTETÉ, LA TEMPÉRANCE.

— Par l'accomplissement de tous mes devoirs :

ENVERS MON CRÉATEUR : Par l'amour, la reconnaissance pour tous les biens dont vous m'avez comblé en ce monde, et que vous me promettez en l'autre ; par la résignation à mon malheur, à mon châtiment que je bénis comme gage de ma régénération ; par la prière ; par la crainte, par la confiance ; par l'espérance en cette vie et dans l'autre.

ENVERS MON PROCHAIN : Par la charité, la douceur, la patience, la sympathie, l'assistance, le respect, l'indulgence (j'en ai si grand besoin pour moi-même), le bon exemple.

ENVERS MOI-MÊME : Par la chasteté et la tempérance ; enfin par tous les devoirs de citoyen, de médecin, de père de famille.

6. « O mon Dieu ! je vous aime souverainement pour vous-même, perfection infinie, bienfaiteur de

ma vie en ce monde et en l'autre, — et mon prochain comme moi-même pour *l'amour de Dieu* (les malheureux, les pauvres malades que vous m'envoyez, vers qui vous m'envoyez, *en votre nom*, pour les soulager et les consoler), pour l'amour de vous (le respect et l'indulgence), pour l'amour de vous (le bon exemple). »

7. « Mon Dieu! j'ai une extrême douleur de vous avoir offensé; je prends une ferme résolution, moyennant votre sainte grâce, de ne plus pécher et de faire pénitence, en consacrant mes derniers jours à détester, à pleurer mes fautes, à subir avec résignation les épreuves auxquelles me condamne votre justice, en les offrant à votre miséricorde comme expiation de mes péchés; de me corriger de mes emportements... et de réparer mes fautes par la charité... et le bon exemple. »

8. « O mon Dieu! j'espère qu'en usant bien de vos grâces, en cette vie, je vous possèderai éternellement dans l'autre : *Éternellement*, ô mon Dieu! absorbé dans votre amour sans bornes et sans nuages; dans la contemplation de votre sagesse infinie, de vos perfections, de vos œuvres admirables... *Éternellement* réuni aux bienheureux, à ma bien-aimée, à notre petit ange, à nos chers enfants, à mon bon père, à ma bonne mère, à ma chère famille, à tout ce qui nous a été cher au monde. — O mon Dieu! faites que l'espoir de cette éternelle félicité me donne la force de triompher de mes mauvais penchants, d'étouffer la révolte de ma raison, d'accepter la loi du devoir et

les misères de cette vie (revers, persécutions, humiliations, maladies, déchirements de cœur), pour mériter cette récompense que vous promettez aux justes, aux justes dont je suis si loin, aux justes que je veux m'efforcer d'imiter, en me répétant sans cesse : *Rien pour le temps*, *tout pour l'éternité;* tout, dans mes pensées, dans mes sentiments, dans mes actions, dans ma vie tout entière, tout pour *l'éternité.* »

9. « O mon Dieu ! ayez pitié de moi, pardonnez-moi, éclairez-moi, secourez-moi. Ayez pitié de ma bien-aimée, recevez-la dans votre miséricorde... Acceptez sa médiation pour m'obtenir le pardon, la lumière et la force nécessaires à l'accomplissement de la *promesse faite sur son lit de mort...* »

PATER NOSTER... « O mon Dieu ! ô mon Père ! que votre volonté s'accomplisse !... Je me résigne à mon malheur ; je me soumets à mon châtiment, comme préparant ma régénération en ce monde et atténuant ma peine dans l'autre. Vous avez sur nous vos sages desseins que nous ne connaissons pas ; qu'ils s'accomplissent... Vous ne voulez que notre bien ; abandonnons-nous à votre Providence pour ce monde et pour l'autre... Je me soumets, je me résigne !! Daignez m'accorder le bonheur de mon pays, de ma chère famille et le secours de vos célestes lumières. Guidez-moi dans la voie qui doit me conduire à vous. Pardonnez-moi mes offenses comme je pardonne à ceux qui m'ont offensé... faites que je devienne un sage par la charité, la chasteté, la tempérance, le bon exemple. »

AVE MARIA...

Da mihi quod jubes (fidem, caritatem) et jube quod vis.

« Mon Dieu! pardonnez-moi, éclairez-moi, secourez-moi, bénissez-moi. »

Le soir, il ajoutait aux paroles que nous venons de lire, celles qui suivent :

« O mon Dieu! bénissez votre pauvre serviteur; bénissez ce lit où je vais chercher quelques heures de ce repos bienfaisant que vous accordez aux malheureux!

« Faites, ô mon Dieu! que le jour où je m'y endormirai de mon dernier sommeil..... le jour où vous m'appellerez à votre tribunal redoutable, faites que mon âme régénérée par la prière, par la pénitence, par la foi....., puisse s'y présenter avec confiance dans votre miséricorde. »

En priant de la sorte, M. Vallée était et plus chrétien et plus catholique qu'il ne pensait. Cependant il n'avait pas encore prononcé ce *tout est consommé!* dont il parle à M. l'abbé Barthe, dans la lettre du 3 mai. Dieu l'attendait à cette terrible crise qu'il éprouva dans la nuit du jeudi au vendredi saint, pour lui accorder la grâce pleine et entière d'une foi complète et sentie en notre Seigneur Jésus-Christ, puis dans son Église, qui est ici-bas sa personnification, avec son autorité et ses Sacrements!... — Etait-il possible, en effet, que cette foi demandée avec tant de larmes et depuis si longtemps, ne lui fût pas rendue : aussi, à peine déclaré chrétien, M. Vallée devint en même temps catholique fervent. Son cœur se dilatant de joie, de reconnaissance, et pénétré des sentiments de l'humilité la plus profonde, il racontait avec tant d'émotion ce qu'il éprouvait et ce qui s'était passé en lui, qu'on ne l'entendait jamais sans être profondément ému.

Le jour de l'Ascension, entre ses deux enfants qui l'accompagnèrent avec tant de consolation à la Table sainte, il put se rendre à sa paroisse pour y recevoir le Pain des forts. La veille, il fallut le rassurer, comme une de ces âmes timorées, contre ce qu'il appelait sa froideur, à la veille d'un jour auquel celui de sa première communion lui paraissait bien inférieur.

Cependant M. Vallée n'était pas remis entièrement du rhumatisme, qui, au mois de février dernier, en causant de grandes souffrances à son corps, avait été pour son âme le chemin de la paix. Les douleurs s'étaient fixées en permanence dans les épaules et dans les bras. Une saison aux eaux fut jugée par lui nécessaire à l'achèvement de sa guérison.

« Le 5 juillet, nous écrit un des témoins les plus intimes de ses derniers instants, au retour d'une fête de famille, il se disposait à partir. Pénétré de cette foi qui faisait son bonheur, il venait de régler ses intérêts spirituels, en s'armant de l'absolution, quand le mal, quittant le siége où il s'était établi, se porta violemment à la poitrine.

Une prompte et énergique médication en atténua l'intensité, sans le faire disparaître. A partir de cette époque, une fièvre continue, une inappétence opiniâtre et d'alarmants symptômes, qui se succédèrent pendant huit jours, annoncèrent de graves désordres dans cette organisation déjà si ébranlée. Le mal sondait en quelque sorte le terrain.

« Le 11 juillet et le 12, dans la matinée, des crachements de sang survinrent : leur persistance remplit le malade de tristes pressentiments, que fortifiaient les lumières de sa science. Il fit même part de sa fin prochaine à quelques personnes amies. La journée se passa dans une profonde tristesse. Si la récompense de ses vertus l'attendait au ciel, il avait à se séparer ici-bas de tant d'affections ! Il goûtait, lui aussi, l'amertume du calice qu'allaient boire ceux qui lui étaient chers.

« Vers le soir, une fluxion de poitrine se déclarait, et le rhumatisme, s'attaquant au cœur, lui apportait un funeste concours. La nuit fut passée à lutter contre de cuisantes douleurs, qui s'accrurent, le lendemain, de l'angoisse causée par une insupportable oppression. Cruel spectacle pour les témoins impuissants de telles souffrances! Hélas! l'issue n'en fut bientôt plus douteuse, et nos vœux durent tendre à obtenir sa prompte délivrance. Lui-même, avec cette lucidité d'intelligence qui ne l'abandonna point, appréciait nettement la gravité de sa position. Il faisait voir à ses confrères l'inutilité des remèdes par lesquels leur affectueux dévouement cherchait à conjurer les progrès du mal : « Ne prolongez pas mes souffran-

« ces, disait-il; ne voyez-vous pas que c'est l'a-
« gonie qui commence ? »

« Mais les graves intérêts de son âme furent l'objet de ses constantes préoccupations. Le matin du dimanche 13, à l'insu des siens, dont il craignait de redoubler les alarmes, il avait mandé son confesseur. Après avoir reçu l'absolution, il demanda que les derniers sacrements lui fussent administrés. Le vénérable ecclésiastique, dont le cœur de prêtre recueillait avec délices ces témoignages de foi, mais dont l'amitié se refusait à voir l'imminence du danger, cherchait à le rassurer et l'engageait à attendre que la situation eût pris une tournure plus décisive. Mais le malade insista : il voulut donner à son Dieu une preuve suprême et manifeste de sa foi, avant que l'agonie eût obscurci la lumière de son intelligence. Alors, en effet, sa foi se déploya dans toute sa puissance. Se roidissant contre le mal, qui avait atteint son paroxysme, tout son être s'appliquait à la solennelle cérémonie. Il faisait lui-même les réponses aux prières prononcées par le prêtre, et frappait les assistants d'admiration par sa ferveur et son courage.

« Après avoir recueilli ses dernières instructions, nous lui lûmes, sur sa demande, les prières des agonisants. Le nom du Seigneur était sans cesse sur ses lèvres ; il se souvenait qu'il avait obtenu la grâce en offrant ses souffrances à Dieu, et il demandait la patience pour supporter les douleurs qui allaient lui ouvrir les portes du ciel.

« Plus tard, quand les progrès de l'agonie lui

eurent rendu difficile l'usage de la parole, il rendit encore hommage à son Dieu, en baisant plusieurs fois le crucifix avec amour. Ses angoisses étaient alors atténuées ; elles s'apaisèrent encore pendant la nuit et la matinée du lundi 14 ; mais ses forces s'évanouirent peu à peu, et à 2 heures après midi, son âme passa dans un monde plus digne d'elle. »

Nous avons dit au commencement de ces pages l'impression de douleur produite en un instant dans toute la ville par ce triste évènement. Des regrets unanimes éclatèrent non-seulement dans la ville et le pays, mais partout où M. Vallée fut connu. — A la nouvelle de cette mort si imprévue pour lui, M. l'abbé Barthe, qui venait, quelques mois auparavant, de recevoir la belle lettre citée plus haut, écrivait au fils de M. Vallée quelques lignes de consolations que nous reproduisons ici...

Saint-Affrique (Aveyron), 26 juillet 1856.

MONSIEUR,

« J'apprends avec bien de la douleur la mort pourtant si consolante de Monsieur votre père : la lettre si bonne, si touchante, qu'il m'avait fait l'honneur de m'écrire à l'occasion de son retour aux saintes croyances de sa jeunesse, m'avait inspiré pour lui des sentiments de haute estime et de respectueuse affection qui sont la mesure des vifs regrets que me fait éprouver une perte si peu attendue, et, j'ose le dire, si grande pour la Religion. Que de bien aurait pu faire cet homme éminent, si le Ciel eût daigné le laisser encore à la terre !!... Mais adorons humblement les desseins du Seigneur, et souvenons-nous que tout ce qui arrive « est pour le plus grand bien de ceux qui « l'aiment, comme dit saint Paul. » Monsieur Vallée était de cet heureux nombre, et je ne doute pas que le Seigneur n'ait voulu récompenser sa charité admirable et son retour franc et généreux à la foi pratique.

« Je vous remercie bien sincèrement, Monsieur, de l'envoi que vous avez eu la bonté de me faire de l'*Union de la Sarthe :* j'y ai lu avec beaucoup de consolation les témoignages unanimes d'affection donnés à notre cher défunt et les justes éloges payés à sa mémoire.

« La Providence vous a demandé un grand sacrifice ; mais sa bonté paternelle a pris soin de vous l'adoucir par toutes les consolations que vous pouviez désirer : la plus précieuse sans aucun doute, c'est la fin si chrétienne de celui qui est l'objet de votre deuil ; et si dans tout le bien que nous pouvons faire, nous n'étions pas toujours les *serviteurs inutiles* de l'Évangile, j'accepterais avec bonheur les remerciements que vous voulez bien m'adresser pour l'effet produit par mon petit ouvrage sur l'esprit de Monsieur votre père. Que Dieu soit à jamais béni du service que je lui ai rendu sans le savoir, et dont tout le mérite appartient à sa sainte grâce !

« Du reste, la lettre que Monsieur Vallée m'avait écrite à ce sujet, m'avait rendu si heureux , que je me croyais moi-même obligé envers lui ; et je me fais un pieux devoir d'acquitter ma dette de reconnaissance, en priant pour le repos de son âme, et en portant sa mémoire au saint autel, à côté de celles dont le souvenir m'est le plus cher.

« Dans la seconde lettre dont il m'avait honoré, pour m'autoriser à publier la première, sa modestie lui faisait mettre la condition qu'il ne serait pas nommé, parce que, me disait-il, « mon nom « n'est pas digne de figurer à côté de ceux des « augustes Prélats dont les suffrages ont encou- « ragé votre œuvre. » Aujourd'hui, Monsieur, faut-il respecter cette condition que je lui avais proposée moi-même, mais pour un tout autre motif ?..... Votre désir, à cet égard, sera un ordre pour moi : qu'il me soit toutefois permis de vous faire observer que la publication de la lettre de M. Vallée, précédée de quelques lignes extraites de l'*Union de la Sarthe*, serait, à mes yeux, un bel hommage à sa mémoire, et un service rendu à la Religion : des retours si pleins de conviction et de bons sentiments dans des hommes aussi éminents que Monsieur votre père, ont une autorité qui exerce toujours la plus heureuse influence.

« Veuillez agréer, etc.

« E. Barthe, Ptre. »

LE MANS, IMP. DE GALLIENNE. 1856.